¿Conoces la Tierra? Geografía del mundo

Lagos

por JoAnn Early Macken

Consultora de lectura: Susan Nations, M.Ed.,
autora, tutora de alfabetización,
y consultora de desarrollo de la lectura

Gareth Stevens
PUBLISHING

Aprender de los mapas

Puedes aprender muchas cosas de los mapas, si sabes cómo interpretarlos. Esta página te ayudará a interpretar un mapa.

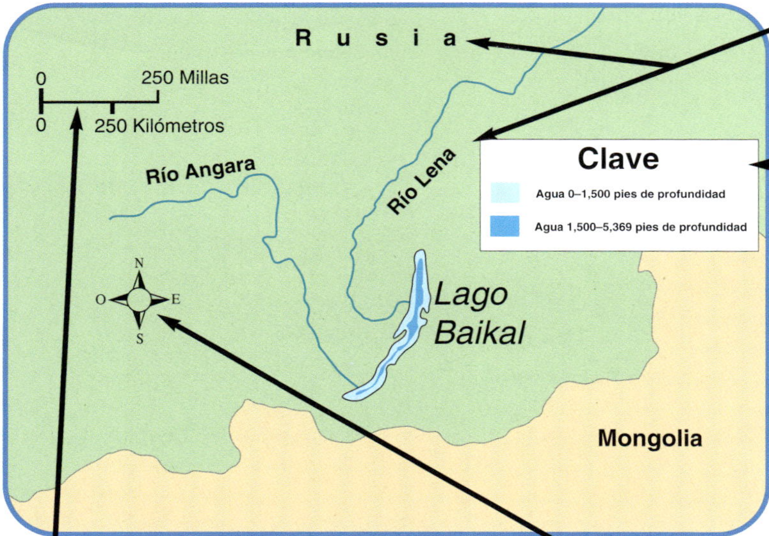

Los **rótulos** te dicen los nombres de los lugares del mapa.

La **clave** (también se llama Leyenda) te dice qué significan los símbolos o los colores en el mapa.

La **escala** puede ayudarte a calcular de qué tamaño son los lugares del mapa o qué distancia los separa. Por ejemplo, una distancia de una pulgada (2.5 centímetros) en un mapa pueden ser cientos de millas en el mundo real.

La **rosa de los vientos** te dice dónde están el Norte, el Sur, el Este y el Oeste.

Contenido

Cubierta y portada: El lago Maligne se encuentra en las montañas Rocosas de Canadá.

Algunos lagos, como éste en Canadá, se encuentran en lugares poco habitados.

¿Qué es un lago?

Un lago es una masa de agua rodeada de tierra. Los lagos pueden ser poco profundos o muy hondos. Algunos son de agua dulce; otros son de agua salada. A algunos lagos de agua salada se les llama mares.

Algunos lagos son tan grandes que no se puede ver la orilla opuesta. Otros son bastante pequeños y es posible atravesarlos caminando. En algunos lagos desembocan ríos y arroyos. También hay lagos de los que salen corrientes de agua.

Ésta es una orilla del lago Michigan. Este lago es muy grande. Si miras hacia el lago, no podrás ver la orilla opuesta.

Hay lagos en todas las regiones del mundo. Los lagos proporcionan agua, alimento y refugio a plantas y animales. Los seres humanos usan los lagos para pescar, viajar y divertirse.

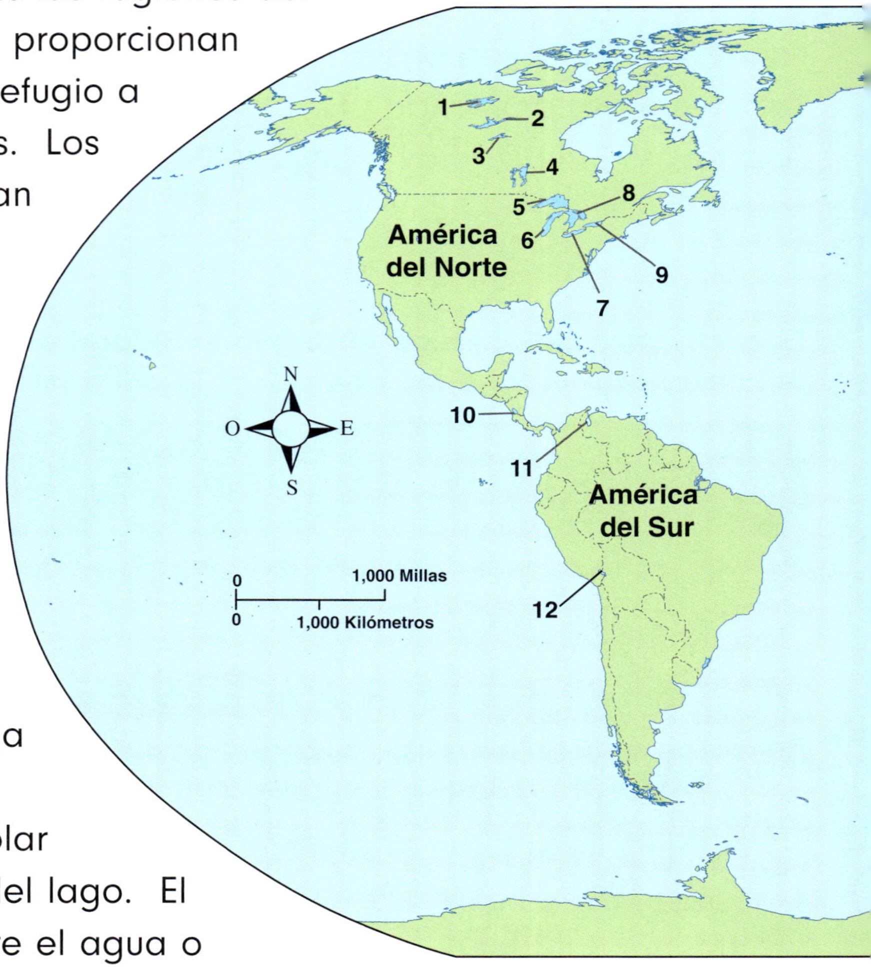

Un lago grande puede afectar el tiempo atmosférico. Puede hacer que la zona que lo rodea se mantenga templada en el invierno. La luz solar calienta el agua del lago. El aire que está sobre el agua o cerca de ésta se mantiene templado por mucho tiempo. En el verano, el aire fresco que está sobre el lago ayuda a refrescar el área que lo rodea.

Clave

Busca los números en el mapa para ver dónde se encuentran estos lagos.

1. Gran Lago del Oso
2. Gran Lago del Esclavo
3. Lago Athabasca
4. Lago Winnipeg
5. Lago Superior
6. Lago Michigan
7. Lago Erie
8. Lago Hurón
9. Lago Ontario
10. Lago Nicaragua
11. Lago de Maracaibo
12. Lago Titicaca
13. Lago Chad
14. Lago Malawi
15. Lago Victoria
16. Lago Onega
17. Lago Ladoga
18. Mar Caspio
19. Mar de Aral
20. Lago Balkhash
21. Lago Baikal

Este mapa muestra los lagos más grandes del mundo.

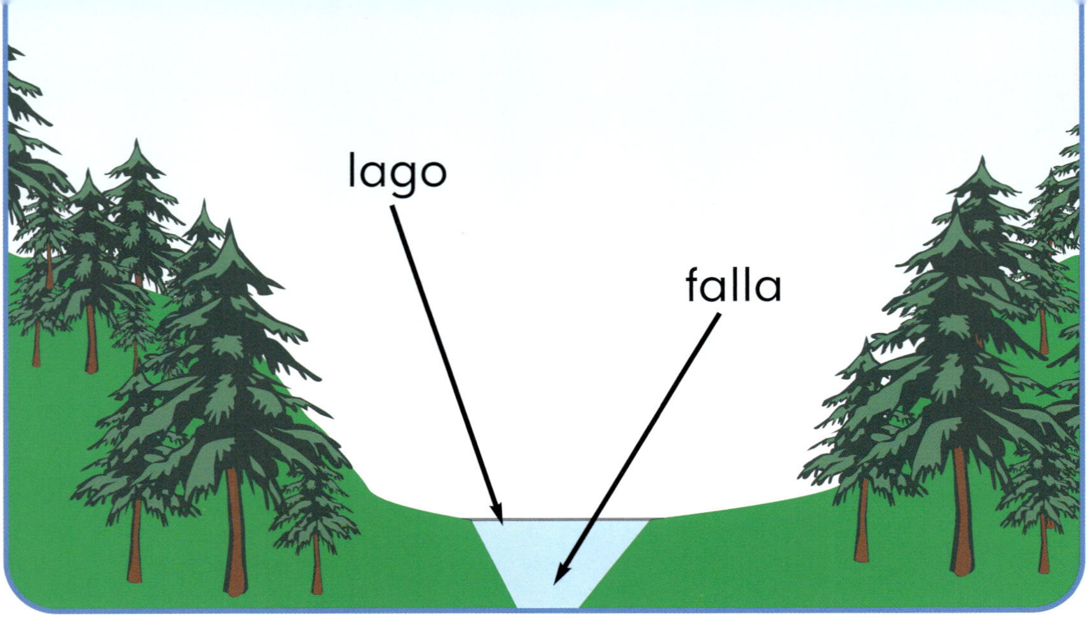

Un lago puede formarse en una falla de la superficie terrestre.

¿Cómo se forman los lagos?

Un terremoto puede causar enormes grietas en el terreno, llamadas **fallas**. La lluvia y la nieve llenan las fallas y se forman lagos. A veces, el terreno es más elevado en un lado de la falla. El agua puede entonces correr hacia el lado más bajo. El agua acumulada puede cubrir el suelo del lado bajo y formar un lago.

El viento puede **excavar**, o abrir, un agujero en el terreno. El agujero podría llegar a ser lo bastante profundo como para alcanzar agua subterránea. El agua llena entonces el agujero y se forma un lago. A veces, agua en movimiento se **filtra**, o penetra, en el terreno. El agua va abriendo un hueco debajo del suelo y forma un lago subterráneo.

Algunos lagos son subterráneos.

Este volcán de Oregón entró en erupción hace miles de años. El cráter se llenó de lluvia y nieve y se formó el lago Cráter.

La parte superior de un volcán puede estallar o hundirse. Queda entonces un cráter, un agujero con forma de tazón. Cuando el agujero se llena de lluvia o de nieve, se forma un lago.

Si un meteorito choca contra la Tierra, puede dejar en el suelo un agujero muy profundo. Éste podría llenarse de agua y convertirse en un lago.

Con frecuencia, los ríos siguen recorridos sinuosos. Algunos forman recodos con forma de U. Si un río se desborda, el agua puede seguir un curso recto que una dos recodos. En este curso nuevo, uno de los antiguos recodos queda separado del río y se convierte en un lago. Si no le llega más agua, el lago puede desaparecer.

Este lago con forma de U, en California, fue una vez parte de un río. Éste sigue ahora un recorrido recto que no toca el lago.

Una presa construida por un castor hizo que se formara este lago en Wyoming. Los montes Teton se reflejan en el agua del lago.

Si un árbol cae encima de un arroyo y corta el flujo del agua, detrás del árbol podría formarse un lago. Una presa construida por un castor con troncos, rocas y barro podría interrumpir el paso del agua y formar un lago. Un derrumbe de rocas y tierra también puede bloquear el curso de un río. Detrás del obstáculo podría formarse un lago.

A veces, un arrecife o un banco de arena pueden separar parte de un océano. Esta parte se convierte en un lago de agua salada, como la del océano. Si no pierde agua, el lago seguirá siendo salado. A medida que el lago se va secando, el agua se va haciendo más salada.

El Gran Lago Salado está en Utah. Varios ríos desembocan en este lago. Cuando los ríos aportan poca agua, el lago se hace más pequeño. A medida que el agua se va secando, va quedando sal sobre la orilla.

Este glaciar ha dejado depresiones en el terreno. El agua ha llenado esta depresión y se ha formado un lago.

Muchos lagos comenzaron siendo hielo. Enormes ríos de hielo llamados **glaciares** avanzan lentamente sobre el terreno. Los glaciares también arrastran rocas y arena. A medida que avanzan, van escarbando y desgastando el terreno. Forman hoyos, crestas y surcos. El hielo derretido llena estas depresiones del terreno. Hace miles de años, los glaciares formaron los Grandes Lagos de América del Norte.

La gente y los lagos

El ser humano construye represas en los ríos. Éstas forman lagos, cuya agua se usa para regar cultivos, para beber y para navegar. El agua también produce energía. Pequeñas cantidades de agua caen por la represa. El agua pasa con rapidez por unas ruedas especiales y las hace girar. Este movimiento giratorio produce electricidad. Las represas también ayudan a controlar los desbordamientos al retener el exceso de agua.

Esta represa ha creado un lago de gran tamaño.

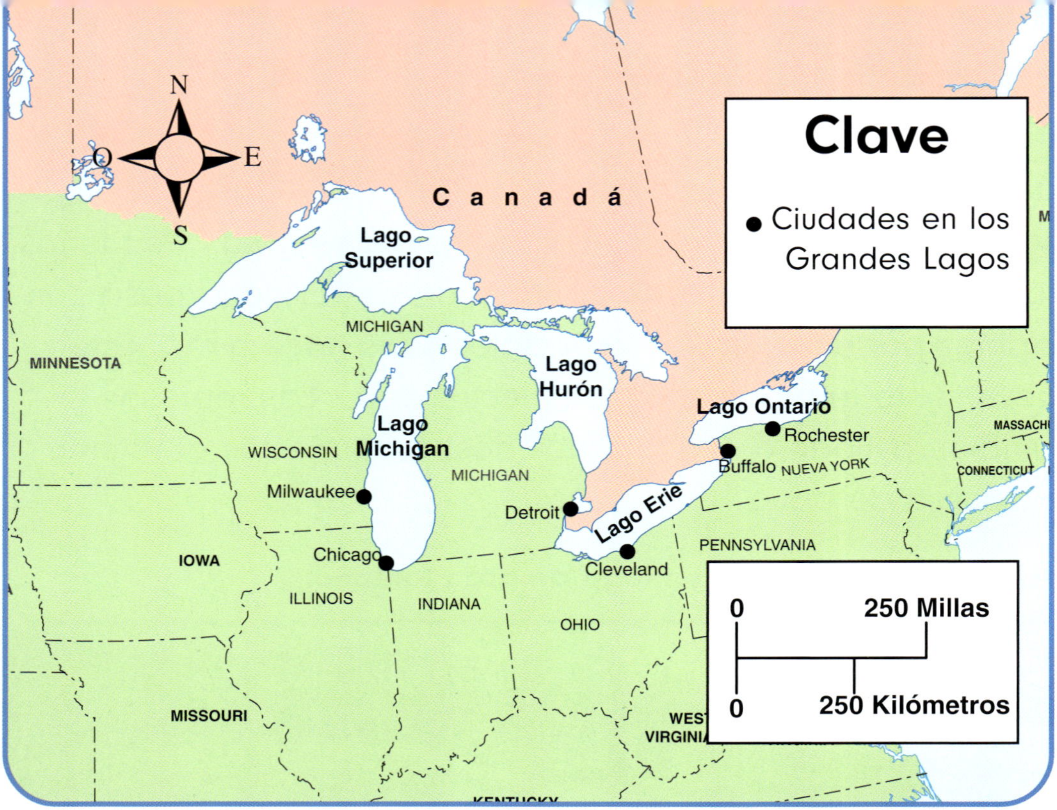

Millones de personas viven cerca de los Grandes Lagos.

Los cinco lagos que forman los Grandes Lagos contienen la quinta parte del agua dulce del planeta. El lago Superior es el lago de agua dulce más grande del mundo. Muchas personas viven en ciudades levantadas en las orillas de los lagos.

La vida de un lago

En la parte más profunda de un lago, el agua es fría y oscura. Plantas y animales muertos, arrastrados por la corriente, llegan a esta zona, donde los peces de fondo se los comen. En las capas intermedias, los peces grandes pueden alimentarse de peces pequeños. En aguas poco profundas, la luz solar penetra en el agua; allí crecen algas y otras plantas.

Esta carpa consigue alimento muy cerca de la superficie de un lago.

En Alaska, un caribú acude al río a beber agua.

Algunas plantas y animales minúsculos viven cerca de la superficie del agua. Los peces, las aves y las tortugas se los comen. Los patos atraviesan el lago chapoteando. Muchos animales acuden a la orilla del lago a beber agua. Las águilas y otras aves de presa vuelan en círculo en busca de peces.

Los lagos están cambiando constantemente. El agua que reciben puede hacer que aumenten de tamaño. La lluvia y la nieve también aportan agua. Si pierde agua, un lago puede reducirse. Una corriente de agua que fluye desde un lago puede provocar el desgaste del terreno, lo que hará que el lago pierda aún más agua. Con el tiempo, si cae muy poca lluvia, un lago se puede secar.

Este lago en Arizona se secó a consecuencia de la falta de lluvia.

Un río puede arrastrar a un lago arena y barro. Éstos se depositan en el fondo junto con las hojas que caen de los árboles. Allí también se acumulan polvo y huesos de animales. Inicialmente, las plantas crecen a orillas del lago. Después de un tiempo, también lo hacen en medio del lago y en el fondo. El lago se va llenando de plantas, y cada vez se va haciendo más pequeño. Con el tiempo, el lago se seca y desaparece.

Plantas y otras cosas pueden ir acumulándose en un lago, y éste puede entonces desaparecer.

Enfoque: Lago Baikal

El lago Baikal está en Rusia. Es el lago más profundo de la Tierra y es posible que también sea el más antiguo. Este lago contiene más agua dulce que ningún otro lago del planeta. El Baikal ocupa una enorme grieta del terreno. Más de trescientos ríos desembocan en este lago.

Este mapa muestra la profundidad de distintas zonas del lago Baikal.

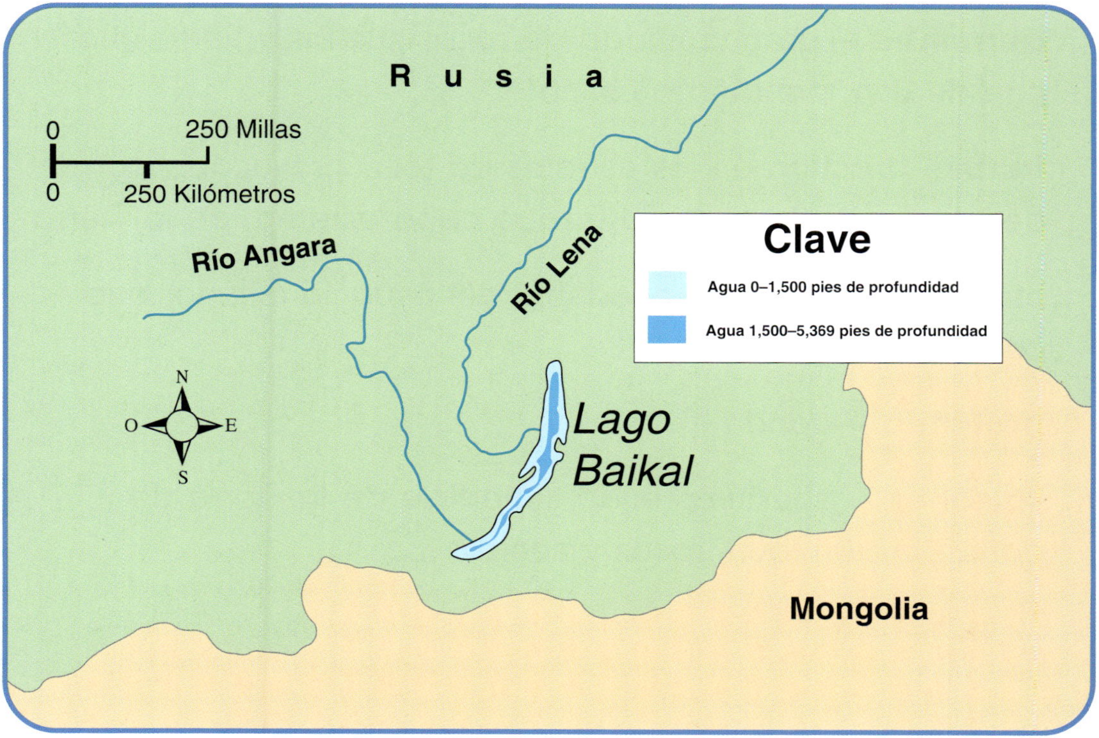

Glosario

arrecife – franja de rocas, corales o arena ubicada cerca de la superficie de una masa de agua

banco de arena – cresta de arena en una masa de agua

cráter – agujero con forma de tazón, como los que hay en la parte superior de una montaña o en la superficie de la Luna

derrumbe – gran cantidad de rocas sueltas y tierra que cae de una montaña o colina

fallas – fractura en los estratos de roca provocada por un desplazamiento de la corteza, o capa externa, de la Tierra

meteorito –cuerpo procedente del espacio exterior que cae sobre la Tierra

profundo – hondo

volcanes – aberturas en la superficie de la Tierra de donde brotan lava, rocas y cenizas

Más información

Libros

El ciclo del agua. Mi primer paso al mundo real (series). Robin Nelson; Trans. Julia Cisneros Fitzpatrick, Mercedes P. Castaner (ediciones Lerner/Lerner Publishing)

La rana/Frog. Ciclos Vitales/Life Cycles (series). Louise Spilsbury Heinemann Lee y Aprende/Heinemann Read and Learn [Spanish]).

La salamandra. Lola M. Schaefer (Heinemann).

Lakes/Lagos. Water Habitats/Hábitats acuáticos (series). JoAnn Early Macken (Gareth Stevens)

Índice

Información sobre la autora

JoAnn Early Macken ha escrito dos libros de rimas con ilustraciones, *Sing-Along Song* y *Cats on Judy*, y más de ochenta libros de no ficción para niños. Sus poemas han sido publicados en varias revistas infantiles. JoAnn se graduó en el programa M.F.A de Escritura para Niños y Jóvenes de Vermont College. Vive en Wisconsin con su esposo y sus dos hijos.

Please visit our web site at: www.garethstevens.com
For a free color catalog describing our list of high-quality books, call 1-800-542-2595 (USA) or 1-800-387-3178 (Canada).
Our fax: 1-877-542-2596.

Library of Congress Cataloging-in-Publication Data availible upon request from publisher. (414) 336-0157 for the attention of the Publishing Records Department

ISBN-13: 978-0-8368-6543-1 ISBN-10: 0-8368-6543-X (lib. bdg.)
ISBN-13: 978-0-8368-6550-9 ISBN-10: 0-8368-6550-2 (softcover)

This edition first published in 2006 by
Gareth Stevens Publishing
111 East 14th Street, Suite 349
New York, NY 10003

Editors: Jim Mezzanotte and Barbara Kiely Miller
Art direction: Tammy West
Cover design and page layout: Kami Strunsee
Picture research: Diane Laska-Swanke
Translators: Tatiana Acosta and Guillermo Gutiérrez

Picture credits: Cover, title, © Tom and Pat Leeson; pp. 2, 6-7, 8, 16, 21 Kami Strunsee/© Gareth Stevens Publishing, 2006; p. 4 © David Noton/naturepl.com; p. 5 © James P. Rowan; p. 9 © Albert J. Copley/Visuals Unlimited; pp. 10, 14 © Marli Miller/Visuals Unlimited; p. 11 © Dane Johnson/Visuals Unlimited; p. 12 © Jeff Foott/naturepl.com; pp. 13, 15 © John Sohlden/Visuals Unlimited; p. 17 © Tim Martin/naturepl.com; p. 18 © Patrick J. Endres/Visuals Unlimited; p. 19 © Henry Robison/Visuals Unlimited; p. 20 © Scott Berner/Visuals Unlimited

Printed in the United States of America

2 3 4 5 6 7 8 9 10 09 08